ULRICH KNOBLOCH

Ausgewählte Gedichte

Band 2

Bibliografische Information der Deutschen Nationalbibliothek:
Die Deutsche Nationalbibliothek verzeichnet diese Publikation
in der Deutschen Nationalbibliografie; detaillierte bibliografische
Daten sind im Internet über http://dnb.dnb.de abrufbar.

Bibliographical Information of the Deutsche Nationalbibliothek
This publication is listed in the Deutsche Nationalbibliographie of the
Deutsche Nationalbibliothek; detailed bibliographical information can be
accessed under http: //dnb.d-nb.de

Ulrich Knobloch Ausgewählte Gedichte Band 2
ISBN: 978-3-7392-5239-1
© Copyright 2015 Alle Rechte beim Autor
Printed in Germany 2015
Satz, Umschlaggestaltung, Herstellung und Verlag:
BoD – Books on Demand

Inhalt

Nacht	10
Illusion	11
Alles	12
Abends	13
Ahnung	15
Morgen	16
Mondnacht	18
Es war	19
Großstadt	20
Genesung	22
Stille	23
Keiner weiß es	24
Regentag	25
Eben noch	26
Wüstensand	28
Heller Tag	30
Gesang von den großen Städten	31
Betrunken	32
Sandweg	33
Die Engel	35
Südwind	36
Abgetreten	37
Neuer Anfang	38
Impression	39
Leicht	41
Zwiegespräch	42

Trennung	44
Schöpfung	45
Ode an den Tod	46
Schöne Welt	47
Nachts vor dem Fenster	48
Ein Sonnentag	50
Ich war	51
Herbst	52
Friedhof	53
An meine Stadt	54
Machtlos	55
Die Stadt	56
Die Frage	57
Flucht	58
Nachruf	59
Der Rest	60
Eine Sekunde	61
Resignation	62
Zeig mir	63
Möglichkeiten	65
Sommer	66
Lichte Wände	67
Schlaflos	68
Sonnenaufgang	69
Spaziergang	70
Dämmerung	71
Erinnerung	72
Immer noch	73
Wind	74

Am See	75
Der letzte Zug	76
Die Stille	77
Immerzu	78
Heiße Sommer	79
Traum	80
Nachthauch	81
Langsam	82
Frühling	84
Gedanken	85
Der Wind	87
Sonnenuntergang	88
Eine Minute	89
Die Treppe	91
Das Lied	93
Alles fließt	94
Alte Stadt	96
Gelebt	97
Fremde Straßen	98
Blick aus dem Fenster	99
Wo sind sie	100
Gedenken	102
Frage	103
Roboter	104
Sommernacht	105
Sternenhimmel	106
Lebewohl	107
Der Lauf der Dinge	108
Tausend Wünsche	109

Verzweiflung	110
Nichts	111
Die Zeit	112
Blüten	113
Empfehlungen	114
Zurück	115
Es ist	116
Phantom	117
Schwätzer	118
Traumland	119
Grundlos	120
Waldfrieden	121
Kälte	122
Der Nebel	123
Nach dem Krieg	124
Herbst am Meer	125
Winter am Meer	126
Fremd	128
Worte	129
Zeit	130
Frühe Tage	131
Südlich	132
Vision	133
Meine Insel	134
Wanderung	135
Fundort	136
Die Gärten	137
Wen kennst du	138
Weihnacht	139

Draußen	140
Übers Meer	141
Frei	142
Traurigkeit	143
Wenn alles so bleibt	144
Zu spät	145
Endelos	146
Träume	147
Einmal	148
Eisteich	149
Stille Einsamkeit	150
Nachtlicht	151
Wege	152
Verschlungene Pfade	153
Nur eine kurze Zeit	155
Der Taucher	156
Tag um Tag	158
Leben	159
Bilder	161
Ich weiß es jetzt	162
Allein	163
Nachtgedanken	164
Die Stimme	165
Schöne Tage	166
Abenddämmerung	167
Der Alte	168
Es muss nicht sein	169
Vergangenes Licht	170
Ich ging	171

Bild	172
Kinderzeit	173
Nur Wenige	174
Am Fluss	175
Im Dunkeln	177
Halluzination	178
Die Straße	179
Sturm	180
Lass	181
Dort	182
Nie allein	183
Rätsel	184
Abschied	185
Es	186
Etwas	188
Momente	189
Masken	191
In der Stadt	192
Ich sage nichts mehr	193
Im Nebel	194
Ein Paradies	195
Ein Mensch	196
Der Traum	197
Ein Film	199
Morgen am Meer	201
Am Grab	202
Später	203
In der Nacht	204
Vers	206

Meeresrauschen	207
Die Regeln	209
Windspiel	210
Das Schweigen	211
Altes Foto	213
Die Fragen	214
Gedanken	215
Trugbild	217
Grauer Tag	218
Ablauf	219
Tod am See	220
Alter	221
Irgendwann	222
Stadt im Nebel	223
Warten	224
Wie	225
Fremde	226

Nacht

*Licht fällt
auf den Schnee
von Sternen weit.
Die Nacht umweht
Unendlichkeit.*

*Die Nacht ist
voller Licht und Sterne.
Es weht ein Hauch
aus weiter Ferne.*

*Ein Hauch
unwirklich fast und schön,
wenn Mond und Sterne
am Himmel stehn.*

*Wie schwarzer Rauch,
der leise fällt,
umhüllt die Nacht
die stille Welt.*

Illusion

*Ich sehe, was ich sehe
mit Augen und Gehirn,
Ich sehe rings die Welt,
ich sehe das Gestirn.*

*Doch ist das , was ich sehe,
die wahre Welt ?
Was ist es wirklich,
was mir ins Auge fällt ?*

*Vielleicht ist es nur Illusion,
was ich hier sehe,
weil ich die Schöpfung
nicht verstehe.*

Alles

*Alles, was du geerbt hast, gibst du
weiter, ganz wie es immer war,
und siehst schon die Frucht, die wächst
und säst deine Saaten in die Felder.*

*Aus der Erde wächst die Frucht und sie
wird gut und nährt die Vielen, die sie brauchen.
Es ist der Kreis, der sich dann wieder schließt
und überall das Wasser, das die Früchte gießt.*

*Alles ist groß, ist seltsam , ist schön,
es ist für uns gemacht
und wenn wir vieles auch nicht verstehn,
jemand hat für uns gedacht.*

Abends

*Abends
unter Bäumen
sitzen,
den Gedanken
nachhängen,
in den Himmel
schauen,
nur sitzen
und schauen.
Abends,
wenn alles schläft,
allein,
unter Bäumen
sitzen,
in Träume
versunken,
nur schauen
in den Himmel,
auf den Mond
und die Sterne,
wie sie glitzern
in der Ferne,
abends
unter Bäumen,
sitzen,
allein*

*und nur schauen,
wenn der Duft
des Sommers
dich umweht.*

Ahnung

*Hinter dem Ich,
nur ein paar Schritte,
liegt die Unendlichkeit.*

*Du ahnst es bald,
es ist der Schritt
von hier zur Ewigkeit.*

*Du schwebst schon,
wenn es dich erfasst,
dich reißt aus dieser Welt*

*und fühlst es,
wie die große Last
sich löst und fällt.*

Morgen

*Müde die Augen,
noch Schlaf
in den Lidern;
wie ein
erwachendes Kind
aus wirrem Traum.
Mühsam
stützend
den Kopf
in den Schultern;
Trübe
der Morgen,
und leer
noch
die Stadt.
Fahl
steigt die Stunde
aus schleichendem
Nebel;
stumm
stehn die Bäume,
kahles Geäst.
Es ist kühl
in den Gassen
im Frühlicht
des Morgens.*

*Schläfrig
am Fenster,
träumend
ein bleiches
Gesicht.*

Mondnacht

Unvergessen
die Tage an weißen Stränden,
wo die Sonne abends
rot im Meer versinkt,
und die Stunden
wie im Rausch vergehen.

Es ist still
an den Stränden,
wenn das Meer
im Mondlicht
silbrig glänzt
und die Zeit
leise wie Schnee
in die Nacht fällt.

Es war

*Es war das Erdnahe,
das unvergleichlich Schöne.
Die Lust zu leben, war es,
der Schall der süßen Töne.*

*Es war die Luft,
das Meer in seiner Schwere.
Das Losgelöste war es,
das lose Ungefähre.*

*Es war die Zeit,
in der ein jeder träumte.
Die Jugend war es,
die in uns schäumte.*

Großstadt

Durch die Straßen rast der Verkehr,
Reklamen kreisen um die Fronten.
Es fällt ein buntes Lichtermeer
aus Spiegeln, die am Tag sich sonnten,

Es steht ein Schatten mitten im Strom
gehetzter, blitzender Kaskaden.
Im Dunkeln, der zerfallne Dom
schluckt gläserne Nomaden.

Und von der Brücke rast ein Schein
schrill- summend heller Bahnen.
Es fährt die S-Bahn quietschend ein
und Leuchtsignale warnen.

Ein Bettler schreit, es rauscht der Pelz
vorbei an hungernden Gesichtern.
Der Schutzmann steht auf einem Fels,
umspielt von tausend Lichtern.

Starrt diese Nacht aus leerem Raum,
wo leuchten jetzt die Sterne?
Ein bunter, lauter, wirrer Traum
verbleicht nun in der Ferne.

*Hoch züngelnd aus dem Nachtdunst steigt
die ganze Maskerade.
Der blasse Mond darüber schweigt
und wandelt alte Pfade.*

Genesung

*Du siehst es,
siehst es endlich,
als die Schatten wichen
und das Licht zerrann.*

*Die Wolken schwanden
und der Himmel schien
in blauem Samt.
Der Tag begann.*

*Du siehst es,
kannst es endlich sehen,
was du entbehrtes
lange Zeit,*

*den blauen Himmel,
die grünen Wiesen,
des Tages
sanfte Heiterkeit.*

Stille

*Ich liebe die Stille,
das Schwebende,
Ruhende,
Belebende.*

*Die Stille ist still,
still wie ein See,
still, wenn er fällt
der weiße Schnee.*

*Wenn alles still ist,
ruht mein Herz.
Die Stille stillt
den leisen Schmerz.*

Keiner weiß es

*Philosophen
wissen es nicht,
auch nicht die Pfarrer
in den Kirchen.
Es wissen weder
Professoren noch
die vielen Weisen
davon,.
und auch der Papst
in Rom weiß es nicht.
Niemand weiß etwas
über das Rätsel
des Lebens.
Es gibt wohl Theorien
genug seit hunderten
von Jahren.
Aber niemand weiß etwas.
Keiner kennt
den wahren Sinn
des Lebens.
Keiner weiß es !*

Regentag

*Der Regen rinnt.
Am Fenster Wasserperlen.
Der Vorhang schwebt
in hellem Weiß
und draußen neigen
sich die Erlen
und Blätter wirbeln
wild im Kreis.
Ich seh hinaus
auf eine öde Straße,
seh wie der Regen rinnt
auf dem Asphalt.
Ich seh auf eine regennasse
Straße.
die grau ist, nass und
kalt.*

Eben noch

*Eben noch
als Kind gespielt
im Sand,
eben noch
gespürt
die Jugend,
den erdigen Geruch
der Heimat,
eben noch
erlebt
die trauten Straßen,
das weiche Bild
der Stadt,
die weißen Schiffe
im Hafen.
Eben noch
gespürt
die Menschen
jener Zeit,
ganz nah,
als hörte man
die Stimmen,
als spürte man
die Zeit, den Geist
noch mal,
als wären nicht*

*Jahrzehnte schon
vergangen,
als wäre man
nicht schon zu alt,
so spürt man sie
noch manchmal,
schmerzlich,
die Vergangenheit.*

Wüstensand

*Sand der Wüste
fällt leise rieselnd.
Himmel öffnen sich
den Träumen,
wenn der gelbe Sand
rinnt
und in die Täler weht..
Der Wind schläft,
dort, wo oft
der Sandsturm heult.
Grau ist der Himmel,
Worte schweben
im Raum,
klirren und fallen
wie welke Blätter
in den Sand.
Die schwarzen Münder
des Krieges
zerrissen alle Träume
und brüllten
sich heiß
in blutigen Nächten.
Still sein wird es,*

*wenn der Nebel
fällt
über das
zerbombte Land.*

Heller Tag

*Der helle Tag
küsst zart den Wind
und streichelt Rosen,
die am Wege sind.*

*Der helle Tag
schwebt wie ein Duft,
durch warme,
laue Sommerluft.*

*Der Tag ist so hell,
er leuchtet so schön
und die Blumen blühn
und die Düfte wehn.*

Gesang von den großen Städten

*Du bist noch in der Stadt,
bist in der Menge.
Du bist noch in dem Lärm,
in dem Gedränge.
Du bist noch in der staubigen
Stadt,
die fast nur graue Hochhäuser
hat.*

*Eine Stadt sieht fast wie jede
andere aus,
nur manchmal entdeckt man
ein schönes Haus.
Verschwunden ist die einstige
Pracht.
Schön sind sie nur, wenn sie glitzern
bei Nacht.
Eine sieht so wie die andere aus.
Nur manchmal sieht man ein schönes Haus.*

Betrunken

Nebelschleier wallen,
Bilder schwimmen leis,
unverstandne Worte hallen
und das Blut rollt heiß.

Schwankend dreht sich die Laterne
und die Wände auch,
in der Nebelferne
schwimmt der Tabakrauch.

Und der Schritt wird immer schwerer,
taumelt vor sich hin
und der Geist wird immer leerer,
lautlos, ohne Sinn.

Eine Hand fasst in das Wasser,
zieht die Decke weg
und die Hand wird immer nasser,
schmaler wird der Steg.

Lautlos sprühen letzte Lichter,
wild in Nah und Fern,
kleiner werden die Gesichter
und der letzte Stern.

Sandweg

*Den Sandweg entlang gehen,
an den alten Plätzen,
von der Promenade aus
auf die See blicken,
wenn der Regen langsam fällt
und der Asphalt feucht glänzt.
Dieselbe Straße
auf der ich früher immer fuhr
mit dem Rad
vor Jahren.
Der Blick zurück
in eine andre Welt.
Die Musik dieser Zeit,
die immer noch leise in mir
klingt.
Die Freunde, die
nicht mehr da sind.
Die See,
die noch immer
so riecht und rauscht
wie damals.
An vieles
erinnere ich mich
auf dem Sandweg,*

*auf dem ich einsam gehe,
während die Zeit
langsam verrinnt.*

Die Engel

*Sie sind so rein, sie sind so gut
in unsrer Fantasie.
Sie gehn durch unsre Träume,
doch sah man sie noch nie.*

*Sie sind so edel, sind so sanft,
sie sind so wunderschön.
Sie sollen uns begleiten
und sind doch nie zu sehn.*

*Doch einige sieht man,
man kann sie sehn.
Es sind die Engel,
die auf Erden gehn..*

Südwind

Wo der Südwind weht,
im Süden,
laufe ich von Baum zu Baum
und ritze in die Rinde
meinen Namen rein,
renne die Straße hinab
zum Meer,
zum Hafen, zu den Schiffen,
zu Tang und Teer.

Ich schreite sie ab, die Bucht,
die kleine
und denke mir, es wäre meine.

Abgetreten

*Abtreten, aus der Reihe treten,
wegtreten, die Reihe wechseln.
Abgetretenes abtreten,
in etwas Neues eintreten,
eintreten und neuen
Tritt fassen, einen neuen Weg
finden, die Seiten wechseln,
sich neu formieren in einer
neuen Reihe, reihenweis wechseln
und seitenweis einreihen in neue
Reihen, in neue Seiten, den Wechsel
wechseln für einen neuen Weg,
die Seiten wechseln um neue
Seiten zu finden, die neu sind,
die neue Horizonte eröffnen,
die den Weg freimachen
für neue Versuche, die wechseln,
die wiederholt werden, bis eine
neue Version gefunden ist, die neue
Wechsel überdauert, die neu bleibt
und neu ist für eine lange Zeit.*

Neuer Anfang

Und von den Hügeln weht ein Hauch.
Ich kann ihn heute gut vertragen,
den herben Duft von Gras rieche ich auch.
Ich bin heut still und möchte gar nichts sagen.

Wie von den Stürmen ausgesetzt,
suche ich innerliche Ruhe.
In mir ist alles abgehetzt.
Es ist zuviel, was ich auch tue.

Da, wo der bleiche Mond hinscheint,
auf Felder, die zur Einsamkeit zerfließen,
hab ich so oft mit leerem Aug geweint,
wenn andre noch den alten Tag genießen.

Und wenn auch alles hingemäht,
von Zeiten abgeerntet und verloren,
bin ich aus Schmerzen, die das Schicksal sät,
im milden Mondlicht neu geboren.

Impression

Es ist so still,
nur Grillen zirpen,
im Abendlicht
weht kühler Hauch.
Nur Vogelschwärme
hinter dunklen Wolken
und leises Flüstern
hinterm Strauch.

Gelblich der Mond
über den Bäumen.
Zart weht der Wind
die Blätter umher
und in der Ferne
ein leises Rauschen,
weit in der Ferne
rauscht leise
das Meer.

Weit schallt der Ruf
der Vögel
im Fluge.
Sterne am Himmel,
sie glitzern
und glühn.
Dann ist es still,

*nur das Meer
rauscht noch leise.
Die Zeit versinkt
und die Wolken
ziehn.*

Leicht

*Der Wind wehte leis,
ich merkte es kaum.
Die Luft floss wie Seide
silbern im Raum.*

*Ich war so frei,
so frei wie der Wind
und fühlte mich wieder
so frei wie ein Kind.*

*Mir war so leicht,
ich schwebte umher.
Das Leben war plötzlich
nicht mehr so schwer.*

*Der Wind wehte sanft
und strich durch mein Haar,
und der Himmel über mir
war blau und klar.*

Zwiegespräch

*Ich höre mich,
meine Stimme,
innerlich,
antworte auf Fragen
und höre mich sagen
und frage und sage
stumm auf die Frage
über dich, über mich,
von mir über dich.*

*Ich höre mich
immer nur innerlich,
im Kopf, im Gehirn
hinter
klopfender Stirn
und sage immer
nur dabei,
die Gedanken
sind mir,
die Gedanken
sind frei.*

*Sie sind so frei,
sie sind so stumm.
Da geht so mancher
Gedanke herum,*

*den ich nicht sprechen
und nur denken kann.
So fangen manche
Träume an,
die ich oft träume
nur mit mir,
wobei ich denke
von mir
zu dir.*

Trennung

*Ich ging,
ich bin gegangen.
Dein Bild
hat an der Wand gehangen.*

*Fort ging ich,
ich bin fort gegangen
Dein Bild
das hab ich abgehangen.*

*Ich warf es
in den alten Fluss,
dass ich
nicht an dich denken muss*

*Doch blieb ich
weiter an dir hangen.
Dein Bild
hielt noch mein Herz gefangen.*

Schöpfung

*Alles kam aus
dem Nichts
aus dem Einen,
der zerbarst,
als seine Energie
sich dehnte,
weggeschleudert
wurde
durchs All,
sich verdichtete
zu Sternen
aus Staub,
aus Strahlung,
die zu leuchten
begannen
wie Lichter,
am Anfang
der Zeit.*

Ode an den Tod

Du gehst um, Schnitter,
bleich, die Sense blank,
dürr dein Gerippe,
nimmst dir Jegliches,
ob Kind, ob Greis,
grundlos oft,
ohne Warnung oft
reißt du unheilbare Wunden.
Leise in der Nacht,
bei heller Sonne,
ohne Ansehen der Person,
nimmst du sie wahllos
uns weg,
für immer.

Schöne Welt

*Die schöne Welt
versinkt in Tränen
und schwimmt im Blut,
es gibt kein Versöhnen.*

*Der blaue Himmel
schaut unschuldig drein,
wenn unter ihm
die Menschen schrein.*

*Man hört nicht auf,
Unschuldige zu töten.
Die Welt ist nicht sicher,
sie ist in Nöten.*

Nachts vor dem Fenster

Nachts vor dem Fenster,
wo ein mattes Licht leuchtet,
scheint niemand hinter
der Gardine zu sein,
ist wohl niemand da, der
dich sieht, vor dem Fenster,
wie du dort stehst
und in das Fenster starrst.
Darum gehst du zurück
in die Nacht
und schaust,
ob dir jemand
nachsieht
hinter der Gardine,
hinter dem Fenster,
aus dem es matt leuchtet,
ob dich jemand
gesehen hat wie du
dort standest
vor dem Fenster
in der Nacht,
ob sie vielleicht doch
hinter der Gardine
gestanden hat
und dich gesehen hat,
wie du dort standest

*vor dem Fenster
in der Nacht
und vielleicht dir
nachstarrt
hinter der Gardine,
wie du fort gehst
langsam
und noch immer schaust,
ob dir jemand nachblickt,
vielleicht.*

Ein Sonnentag

Damals, es war ein Sonnentag,
ich kann ihn vor mir sehn.
Ich saß mit dir am Ostseestrand.
Du warst so jung und schön.

Dein Haar wehte im Sommerwind,
es war so schwarz und wild.
Ich kann es heut noch vor mir sehn,
das heitre, schöne Bild.

Es war ein Tag vor langer Zeit,
voll Lust und Poesie.
Ich fühle heut noch deine Haut
in meiner Fantasie.

Ich war

*Ich war, ich war,
ich war gewesen
In Jahrmillionen
schon geborn.*

*Ich war einmal,
ich war gewesen
in Jahrmillionen
schon verlorn.*

*Ich war und war,
ich war geboren
und doch verloren
zu der Zeit.*

*Ich war ein Teil,
ich war erkoren.
Ich war ein Teil
Vergangenheit.*

Herbst

*Sie tun mir gut,
die kühlen Tage.
Die Sonne scheint
nicht mehr so heiß.
Sie wärmt zwar noch,
wird nicht zur Plage.
Nie war der Sommer
mal so heiß.*

*Es ist so still,
der Wind weht leise.
Alles fällt leichter
in der kühlen Luft
und gelbe Blätter
fallen wie im Kreise
und überall riecht man
den herben Duft.*

*Die Felder sind jetzt
abgeerntet leer,
nur Stoppelfelder stehn
noch braun und rau.
Der Himmel ist ein
weites Meer,
ein Meer aus
kühlem Blau.*

Friedhof

*Auf düstre Gräber
fallen Strahlen
und welke Blätter
wirbeln durch die Luft.*

*Schlurfende Schritte
auf den Wegen
und an den Seiten,
Gruft an Gruft.*

*Ein blauer Himmel
zwischen Bäumen
schwankt mit den Wipfeln
hin und her.*

*und überall nur Gräber
und nur Steine
und Kränze immer
mehr und mehr.*

An meine Stadt

*Ich denk an Schnee und
Burgen aus Eis,
an weite Landschaften,
winterlich weiß.*

*Ich denk an ein zugefrorenes
Meer.
Ich denk an den Hafen, an
Schiffe und Teer.*

*Ich denke an Häuser und
alte Straßen,
die nicht mehr sind und die
wir vergaßen.*

*Ich denk an den Krieg,
der alles zerbrach.
Ich gedenke der Toten
in ihrem Schlaf.*

*Ich denk an die Stadt wie
sie einmal war,
wie ich sie in der Erinnerung
sah.*

Machtlos

*Lange hoffte ich,
dass auf der Erde
Frieden werde.*

*Machtlos sah ich
irgendwann,
wie ein neuer Krieg
begann.*

*Ließ man das Volk
entscheiden,
könnte man Kriege
vermeiden.*

*Das Volk hätte sich
längst entschieden
für
Frieden.*

Die Stadt

*Hohe Fassaden
im grellen Licht.
Steinerne Bilder.
Madonnengesicht.*

*Endlose Straßen,
Busse und Bahnen.
Autos in Scharen,
in Karawanen.*

*Hohe Dome,
einsam und kühl.
Orgelklänge,
hartes Gestühl.*

*Bunte Viertel,
Maler und Dichter.
Alte Häuser,
junge Gesichter*

*und am Ende
rotbraune Häuser.
Hier ist alles stiller,
hier ist alles leiser.*

Die Frage

*Wann endlich
regiert
in dieser Welt
nur
die Vernunft
und nicht
das
Geld.*

Flucht

*Auf diesen Feldern liefen wir
zum nahen Wald.
Es war am Morgen und es war
noch kalt.
Es fielen Schüsse als wir durch
die Felder liefen.
Es waren Feinde, die mit rauer
Stimme riefen.
So viele meiner Kameraden
sah ich fallen.
Ich konnte mich noch
in die Erde krallen.
Bis heute seh ich,
wie wir laufen zu dem Wald.
Es war am Morgen und es war
noch kalt.*

Nachruf

Noch hör ich deine Stimme, Bruder,
leis in mir,
doch wird sie immer leiser, Bruder,
bis ich sie verlier.

Ein Häufchen Asche bist du, Bruder,
bist jetzt frei.
Du kennst schon dieses Unfassbare, Bruder,
was es auch sei..

Der Rest

*Der Rest,
der noch bleibt,
vom Schmutz
der Zeiten,
der noch hängt
in den Zweigen,
der noch klebt
am Gestein.
Der Rest
vom Lärm,
vom Schwall
der Gezeiten,
der Rest
vom Blut,
der wird
klebrig sein.
Doch alles
verweht
und löst sich
im Raum.
Es bleibt
nur Asche,
es war
wie ein
Traum.*

Eine Sekunde

*Eine Sekunde
nur,
ein kurzer Blick.
Nur eine Sekunde
reichte zum Glück.*

*Ein kurzer Blick,
er sah
die Gefahr,
in die er plötzlich
geraten war.*

*Eine Sekunde
nur,
es war sein Glück.
Eine Sekunde
entschied sein Geschick.*

Resignation

*Nun steh ich hier und weiß es nicht,
was tue ich, wo geh ich hin ?
Was war denn eigentlich der Sinn ?
Warum musste alles nur so sein
und warum bleibt man so allein ?*

*Wo sind sie hin, die schönen Tage,
als wir noch wussten, was wir tun ?
Warum soll ich denn jetzt schon ruhn?
Ich stelle mir noch manche Frage,
wo soll ich hin, was soll ich tun.*

*Nun steh ich hier, weiß nicht wohin,
was war denn eigentlich der Sinn ?
Wo bleibe ich, wo geh ich hin ?
Ich steh nun hier und weiß es nicht.
Vielleicht brennt irgendwo ein Licht.*

Zeig mir

*Zeig mir,
was noch übrig
blieb,
was bleiben
durfte
von Allem.
Zeig mir
den Rest
der Welt,
was ihr
zurückgelassen
habt
von ihr.
Es blieben
meist nur
Gesetze,
es blieben
Relikte.
Geblieben
sind
Kriege
und Konflikte.
Zeig mir,
was noch blieb
vom Frieden
der Welt,*

*was wichtiger
ist als Macht
und Geld.
Zeig mir,
wo die vielen
Opfer
der Kriege
sind.
Sag mir,
woran jeder
glaubte
noch
als Kind.*

Möglichkeiten

*Es ist doch möglich,
dass alles nur utopisch ist,
die Welt, wo jeder jeden frisst
und niemand weiß, was wirklich ist.*

*Es ist doch möglich,
es ist nur ein schwerer Traum,
den man einst träumte unterm Baum.
Man sieht nur einen schmalen Saum
von einem endlos leeren Raum.*

*Es ist doch möglich,
es ist ein Versuch
und alles steht in einem Buch
in einem großen, schweren Buch
und endet gut oder als Fluch.*

*Es ist doch möglich,
alles ist ein Blühen,
es ist ein Blühen und Verblühen.
Ein Werden und Vergehen nur
ein ewiger Kreislauf der Natur.*

Sommer

*Die Luft ist so von Düften süß,
es duftet wie im Paradies.
Die Vögel fliegen flink umher
und Blumen blühen blütenschwer.*

*Schmetterlinge taumeln in der Luft,
so herrlich bunt, betäubt vom Duft.
Es ist so still, nur Glocken klingen
und weit, so weit die Stimmen singen.*

*Es liegt ein Zauber in der Luft,
es riecht so süß nach Blütenduft.
Wie hin gegossen liegt das Blau
des Himmels über Feld und Au.*

Lichte Wände

Es ist nur Illusion, ist nur ein Traum.
Es sind nur lichte Wände.
Es sind nur Gedanken im leeren Raum,
nur Sphären ohne Ende.

Und hinter all den lichten Wänden
sind neue, leuchtende Räume,
die neu entstehen und nie enden
in leere, endlose Träume.

Es ist nur Illusion, die schnell vergeht,
nur Traum unter den Träumen,
sie treibt, wenn sich die Erde dreht,
endlos, in endlosen Räumen..

Schlaflos

Du drehst dich um, ich sehe dich,
du liegst so ruhig in den Kissen.
Ich hätte auch schon schlafen müssen,
doch kann ich nicht, ich wälze mich.

Ich seh an der Gardine Licht,
ich sehe viele Lichter wandern,
von einer Seite zu der andern.
Die Lichter streifen mein Gesicht.

Ich folge diesen vielen Lichtern,
ich wandre mit den Augen mit.
Ich sehe Lichter und Gesichter
und schwer wird mir das Augenlid.

Sonnenaufgang

*Langsam steigt
über dem Feld
die Sonne
empor.*

*Es ist so still
nur Vögel singen
im Chor.*

*Alles löst sich
in der Sonne.
Tau liegt
auf dem Feld.*

*Der Tag erwacht
als
der Nebel
fällt.*

Spaziergang

Ich geh durch stille Wälder,
ganz ohne Sinn und Ziel.
Nur Ruhe, Frieden, Stille,
das ist es, was ich will.

Verloren in Gedanken,
die ganze, lange Zeit.
Umgeben nur von Bäumen
und von der Einsamkeit.

Wie ich so langsam gehe,
hör ich manch Vogelschrei
und überlege so im Gehen,
welch Vogel das wohl sei.

Ich gehe ganz behutsam,
ich gehe wie im Traum.
Ein Eichkätzchen klettert
vor mir auf einen Baum.

Steh ich vor einer Lichtung,
dann geht der Blick so weit.
Es blendet mich die helle,
verwunschne Einsamkeit.

Dämmerung

*Auf hohen Wipfeln in den Wäldern
blitzt noch von fern der letzte Schnee.
Ein Adler streicht um welke Felder.
Er wittert Beute in der Näh.*

*Am Himmel ziehen zarte Schleier,
gefärbt vom Abendsonnenschein
und in dem schilfbedeckten Weiher
schweben noch letzte Vögel ein.*

*Und Glocken läuten, leis und fern
verweht im stillen Abendwind,
und es erwacht nun Stern um Stern
bis alle hoch am Himmel sind.*

Erinnerung

*Die Sonne schien so hell am Meer,
so hell hatte sie nie geschienen.
Der Sommer lag so groß und schwer
auf Meer, auf Sand und Dünen.*

*Es war noch alles leicht und jung,
beschwingt und ohne Sorgen.
Es war in der Erinnerung,
als gäbe es kein Morgen.*

*Es lag ein Hauch von Heiterkeit
auf diesen frühen Tagen.
Wir ahnten nichts von Tod und Leid
und stellten wenig Fragen.*

*Die Sonne schien so hell und heiß,
so hell schien sie noch nie,
doch war sie wohl so hell und weiß
in meiner Fantasie.*

Immer noch

Immer noch denke ich,
denke noch immer
an das Leuchten,
an den Schimmer,
an das Flirren
in der Luft,
an den seltsam
herben Duft.

Denk noch immer
an die Lichter
heißer Sommer,
an Gesichter,
an das Rauschen
an das Meer,
an das duftend
süße Flair.

Wind

*Noch bleibe ich,
ich bleib noch hier.
Ich lass mich von dem
leichten Wind verwöhnen.*

*Er weht um meine Stirn,
er schmeichelt mir
und trocknet heimlich
still geweinte Tränen.*

*Ich bleib noch hier,
er tröstet mich,
er streichelt meine
müden Sinne.*

*Der Wind, er weht.
Ich denk daran,.
ob ich dich einmal
wieder finde?*

Am See

Still ruht der See.
In seinem Wasser.
schimmert der
Mond mit seinem Licht.
Es schweigen alle Vögel
und auch die Frösche
hört man
nicht.
Natur hüllt sich in Schweigen
es ruht der See
und leise
unaufhörlich leise
fällt auf den See
der erste Schnee.

Der letzte Zug

*Ich sehe es noch
das Letzte, was ich sah,
den Bahnhof
sah ich schwinden.
Das es das letzte
Mal nun war,
war mir in dem
Moment so klar.
Ich kann das nicht
begründen.*

*Es war das Letzte,
was ich sah,
das Letzte, was noch
Heimat war,
dann war auch
das entschwunden.
Dann sah ich nur noch
Felder, Felder
und manchmal
grüne Wälder.
Mein Herz
es war geschunden.*

Die Stille

Es ist so still, man hört nichts mehr.
Die Stille ist ein stilles Meer.
Sie ist so leicht, sie ist so leer.
Man hört nichts mehr.

Sie ist so still, man hört sie nicht.
Sie ist so still wie ein Gedicht,
das einsam in die Stille spricht.
Man hört es nicht.

Immerzu

Es sind so viele schon,
sie sind
nicht mehr

und sind geboren
schon,
es wird nie leer.

Wie alles endlos fließt
und hört
nicht auf.

Wie alles sich ergießt
hinab,
hinauf

und endlich sich erschließt
im Ich
und Du,

bis alles neu ersprießt
noch
immerzu.

Heiße Sommer

Die Sommer waren lang und heiß,
wie angeweht aus fernen Wüsten.
Die Tage waren hell und weiß,
fast wie an südlich-heißen Küsten,

Die Sommer waren voller Glut,
wie Feuer, das der Wind entfacht,
als wenn die Sonne in sich ruht,
als käme nie die milde Nacht.

Traum

Und einmal morgens bin ich aufgewacht,
es war mir so, als wäre ich, als wäre ich noch
froh, so froh von der verbrachten Nacht,
als hätt die letzte Nacht etwas mit mir gemacht.

Es war mir so, als hätt die Zeit, die letzte Zeit,
die Zeit in dieser Nacht, als hätt die Nacht mich
fortgebracht in eine Ewigkeit, wo alle Zeit gerinnt,
wo Engel sind und weit und breit nur Seligkeit.

So träumt ich wohl, ich hab geträumt von Engeln
und vom Paradies, ich träumte tief, ich träumte
süß
und hörte Stimmen elfenhaft und hell und rein,
das konnten Stimmen nur von Engeln sein.

Träumt ich oder hab ich es gesehn, das Bild war
deutlich, es war schön. Noch seh ich es die ganze
Zeit, in überklarer Deutlichkeit. Das war kein
Traum,
den du vergisst, es war wie es im Himmel ist.

Nachthauch

*Die Wälder schlafen.
Im Winde leis
schwanken die Bäume.*

*Es ist so still.
Im weiten Kreis
ranken die Träume.*

*Düfte wehen
im nächtlichen Hauch
und schweben.*

*Die Wälder schlafen,
die Tiere auch,
still ruht das Leben.*

Langsam

*Langsam
merkst du
wie die Dinge
gehn.*

*Langsam
kannst du
es
verstehn.*

*Langsam
siehst du,
wie es jeder
macht*

*und siehst
langsam,
dass nicht
jeder lacht.*

*Langsam
merkst du,
wie die Dinge
gehn*

*dass nur
wenige
die Knöpfe
drehn.*

Frühling

*Von den Bäumen fallen
Blüten,
weiß wie Schnee.
Überall nur Blüten,
wohin ich seh*

*und in der Luft ein Duft
von Jasmin.
Es riecht nach Frühling.
Es wird wieder grün.*

Gedanken

An alles, was war,
was schlecht war,
nicht mehr denken müssen
und nur noch an das Gute,
das einmal war,
denken,
es noch einmal ablaufen
lassen im Gedächtnis.
Nur das Gute, das Schöne
haften lassen im Kopf.
Nicht an die schlechten
Erlebnisse
denken,
nur an das Schöne,
das Gute
aus der Vergangenheit
denken.
Daran denken in der Nacht,
wenn du nicht schläfst,
denken an alles Schöne,
was war.
Sich erinnern, wenn es dir
schlecht geht,

*nur an das Gute, das Schöne
denken,
was einmal.
war.*

Der Wind

*Es weht der Wind,
er weht in meine Träume.
Es ist der leise Wind,
der mir von dir erzählt.*

*Er kommt weit her,
aus weiten Räumen.
Er weiß, wie sehr
sich meine Seele quält.*

*Der Wind weht leis,
er kühlt die heißen Wangen
und flüstert deine Worte
in mein Herz.*

*Es weht der Wind,
er hält mich fest umfangen
und lindert meiner
Seele Schmerz.*

Sonnenuntergang

*Das Meer ist rot,
die Sonne sinkt.
Der Himmel
fast im Rot ertrinkt.*

*Der Strand liegt still,
einsam und leer.
Nur Wellen rauschen,
lang und schwer.*

*Das Meer es rauscht
in die Stille der Nacht.
Das ist es, was alles
so mystisch macht.*

Eine Minute

*Die eine Minute
verharrt,
bleibt stehn.
Es ist alles still.
Es ist alles schön.
Ich denke nicht,
ich lasse mich treiben.
Das Licht fällt sanft
durch die Fensterscheiben.
Es ist ruhig im Zimmer,
es wird nichts geschehn.
Es ist so still,
es ist so schön.
In dieser Minute,
die so friedlich vergeht,
schwebe ich, träume ich,
wie beim Gebet,
empfinde ich
eine Minute Glück,
es bleibt alles stehen,
Gedanken und Blick.
Es ist ein Gefühl,
so gelöst und frei.*

*Es bleibt
eine Minute
und ist schon
vorbei.*

Die Treppe

*Wenn man je
hinab geht,
die Stufen
hinab geht,
Schritt für Schritt,
langsam
auf das Ende
zugeht,
spürt man
die Frische,
riecht
das Wasser,
das dunkel
fließt
am Ende
der Stufen.
Leise hört man
das Beben
der Wellen,
im Rhythmus,
im Takt,
spürt
die rollende
Bewegung
unten
am Ende*

*der Stufen,
wenn man je
hinab geht
nach unten
ans Ende
der Treppe.*

Das Lied

Ein kleines Lied berührt mein Herz,
es krampft sich wie im leichten Schmerz.
Ich bin so voll von seinen Tönen,
und mitzuschwingen ist mein Sehnen.
Ich schwebe in dem Strom der Melodie
und überlasse mich der Fantasie.

Alles fließt

Alles fließt,
es
fließt
die Zeit.

Sie fließt
ganz still
durch Freud
und Leid.

Es fließen
Meere,
Flüsse,
Quell.

Tränen
und Blut.
Sie fließen
schnell.

Es fließen
Jahre
in die
Zeit

*und alles
fließt
in die
Ewigkeit.*

Alte Stadt

*Ich seh noch Straßen manchmal,
die schon nicht mehr sind.
Es sind die Straßen, die ich kannte
noch als Kind.*

*Ich sehe Kirchen stehn aus
rotem Stein
und seh die Stadt
im hellen Sonnenschein,.*

*Ich seh die Sterne
leuchten überm Meer,
und rieche Hafen, Tang
und Teer.*

*Ich sehe Türme von der alten
Stadt,
die längst schon keine Türme
hat*

und seh die Straße noch,
unsere Straße
und seh mich gehen, als ich
sie verlasse.
.

Gelebt

*Gelebtes Leben,
gelebt,
verbraucht.*

*Geträumt,
in Träume
eingetaucht.*

*Verlassene Städte,
verschüttet,
verbrannt.*

*Gesucht,
gefunden
das Niemandsland.*

*Nur Steine,
nur Hunger,
nur trübes Licht.*

*Verloren,
vergessen so
manches Gesicht.*

Fremde Straßen

*Ich geh auf fremden Straßen,
ich weiß nicht, wo ich bin.
Auf grauen, öden Straßen
und weiß auch nicht wohin.*

*Ich gehe wie im Traume,
ich setze Schritt vor Schritt.
Im grauen, öden Raume
gehn meine Ängste mit.*

*Ich gehe diese Straßen,
ich weiß nicht mal warum.
Die Straßen sind verlassen,
ich kehrte lieber um.*

*Ich geh auf fremden Straßen
und weiß nicht mal wohin.
Mir fehlt der rechte Glaube,
mir fehlt der rechte Sinn.*

Blick aus dem Fenster

*Du siehst aus deinem Fenster
auf eine nächtliche Welt,
aus Steinen und aus Himmel,
aus dem der Regen fällt.*

*Es sind so viele Lichter,
die schwimmen auf dich zu
und überall Gesichter,
Bewegung, ohne Ruh.*

*Ein großer dunkler Himmel
liegt überm Lichtermeer
und hinten, weit am Rande,
sind keine Lichter mehr.*

Wo sind sie

*Ich möchte wissen,
wo die Toten sind.
Ich stell die Frage
wie ein Kind*

*und schau dabei
recht unschuldig drein.
Wo werden all die
Toten sein.*

*Grad sah ich sie
noch draußen gehen.
Nun sind sie tot,
wer kann das verstehen?*

*Und auch das Kind,
es war so schön,
auch dieses Kind,
es musste gehn.*

*Wenn alles bebt,
die Erde bebt,
haben das Tausende
nicht überlebt.*

*Ich frage mich,
wo sind sie hin
und frage mich,
wo ist der Sinn ?*

*Drum frage ich,
wo all die Toten sind,
wenn ich auch keine
Antwort find.*

Gedenken

Es war vor vielen Jahren,
ich weiß noch, wo wir waren.
Ich weiß es noch, wir gingen,
wir mussten immer singen.
Wir sind gegangen in Reih und Glied
und mussten singen immer ein Lied.
Mit Uniformen und Kolonnen
hatte es einmal begonnen.
Es endete mit Krieg und Not
und am Ende, Kamerad,
da warst du tot.
Die Uniform war dir zu weit,
45 war deine Sterbezeit.
Du fielst mit siebzehn Jahren,
so jung und unerfahren.

Frage

Ich sage es nicht, nie werde ich es sagen.
Die Wahrheit ist doch ein Juwel.
Ich wag es nicht, nie werde ich es wagen.
eher geht durch eine Nadel ein Kamel.
Warum ich es nicht sage und nicht wage,
ich sag`s nicht laut, ich sag`s nicht leise.
Es stellt sich immer wieder nur die Frage:
soll ich es sagen, wäre es denn weise.

Roboter

*Sie vermehren sich schnell
im ganzen Land
und fressen die Erde,
fressen den Sand.*

*und saufen das Wasser
am weißen Strand
und schwarz und kahl
wird das ganze Land.*

*Wie eine Seuche breiten
sie sich aus
und jagen Tier und Menschen
hinaus.*

*Sie vermehren sich schnell
im Land und im Meer
und sie fressen die ganze
Erde leer.*

Sommernacht

*Die Stille schwebt so zart und sacht
in den Zauber einer Sommernacht,
in der die Düfte Blumen netzen
und Blüten sich am Duft ergötzen.*

*Aus dunklem Schleier scheint der Mond,
der jetzt auf allen Wolken thront
und taucht mit seinem Silberschein
die Welt in seinen Zauber ein.*

*Er steht dort groß am Himmelszelt
derweil die Nacht herniederfällt.*

Sternenhimmel

*Eine Nacht voller Sterne,
ihr silberner Glanz
erfüllt den Himmel
erfüllt ihn ganz.*

*Sie flimmern und glitzern
in blauschwarzer Nacht,
wie Diamanten,
die zum Funkeln gebracht.*

*Sie flackern und leuchten
aus fernen Räumen.
Es sind weiße Lichter,
Lichter zum Träumen*

*und heller als alle,
so nah und doch fern,
ein strahlendes Licht,
der Abendstern.*

Lebewohl

Der dunkle Schimmer des Abends.
Vergangener Tage Klang.
In den Zweigen schwarze Blätter.
Der Flüsse fauler Gestank.

Der schwarze Trauerschleier.
Des Grabes dunkler Geruch.
Ein Schwarm schreiender Raben.
Ein verwesendes Leichentuch.

Die Trauerglocken läuten.
Die Glocken klingen hohl.
Sie läuten leis von ferne
ein letztes Lebewohl..

Der Lauf der Dinge

Ich sah es nicht,
ich konnte es nicht sehen.
Da ist es ohne mich geschehen.

Ich spürte es nicht,
ich konnte es nicht spüren.
Ich lief durch alle offnen Türen.

Ich glaub es nicht,
ich konnte es nicht glauben,
dass viele mir den Glauben rauben.

Ich mocht es nicht,
ich konnte es nicht leiden,
doch ließ sich manches nicht vermeiden.

Ich kann es nicht,
ich kann es nicht verwinden.
Ich suchte, doch ich konnte es nicht finden.

Tausend Wünsche

Tausend Wünsche hab ich oft und träum davon,
lauter Seifenblasen, schillernd in der Sonne.
Träumen ist die reinste Wonne,
doch die Träume platzten alle schon.

Dann bleibt nur die raue Wirklichkeit umher,
bleiben nur die grauen Gassen.
meine Träume muss ich lassen,
schaue auf den blassen Mond am Meer.

Doch der schwebt im gelben Glanz ganz still,
scheinbar leblos und vereist.
Was mir jeder Traum verheißt
liegt verkommen bald im Müll.

Verzweiflung

Du brauchst nichts zu sagen,
es ist alles gesagt.
Du bist am Verzagen,
du hast dich beklagt.
Dein Weg geht ins Leere,
du kannst nicht mehr,
du fühlst die Misere,
dein Kopf ist leer.
Du siehst keine Bäume,
du siehst kein Laub.
Du lebst deine Träume,
deine Träume sind taub.
Du brauchst nichts zu sagen,
es ist offenbar.
Du willst nichts mehr wagen,
nichts ist, wie es war.
Du erträgst ihn nicht mehr
den ewigen Schmerz.
Du willst keine Lieder,
dir ist kalt um dein Herz.
Sie ist dir zuwider, die fremde Welt,
in der alles stirbt, in der alles fällt.

Nichts

Alles, was ist,
ist nichts,
ist nur Illusion,
ist nur Schein.
denn alles
ist nichts
und nichts
als Sein.

Die Zeit

*Die Zeit vergeht
wie eine Rose welkt.
Noch eben Duft,
der schnell verweht.
Die Zeit vergeht.
Es ist schon spät.*

*Die Zeit vergeht,
vergeht so schnell.
Noch eben jung
und plötzlich alt.
Die Zeit vergeht,
macht niemals Halt.*

Blüten

*Weiße Blüten
wehn mir ins Gesicht..
Die Sonne scheint,
sie streichelt mich.*

*Es ist so still,
die Zeit ist stumm
und die Blüten schweben
um mich herum.*

*Sie schweben zur Erde
sie fallen leis.
Der Boden wird allmählich
weiß.*

*Weiße Blüten
wehn mir ins Gesicht.
Ich lasse mich streicheln,
ich wehre mich nicht.*

Empfehlungen

*Wege gehen,
zu Ende gehn,
auch wenn viele Gründe
entgegenstehn.*

*Stark sein
und vieles verzeihn
und immer mehr sein
als der äußere Schein.*

*Nie verzagt
und frisch gewagt
auch wenn manches Mal
der Zweifel nagt.*

*Seid immer gut
und ruhig Blut,
wohl dem, der hilft
und Gutes tut.*

Zurück

*Zurück
in der Nacht,
vorbei an
trüben
Lichtern,
schwankend
durch Laub,
vorbei an
bleichen
Gesichtern.
Fröstelnd
nur noch,
getrieben
von Angst
und Sorgen.
Zurück
mit
bebenden
Schritten,
zurück
in den
Morgen.*

Es ist

*Es ist so
und ist nicht zu ändern.
Was war, das war,
das ist nicht mehr.*

*Es ist vorbei
und lässt sich nicht mehr ändern.
Du denkst noch dran
und wünscht es wieder her..*

*Doch bleibt es so
und wird sich nicht mehr ändern.
Nur Gedanken und Bilder,
die hast du noch.*

*So ist es
und du kannst es nicht mehr ändern.
Aber träumen von der Zeit,
das kannst du doch.*

Phantom

Du sahst es nicht,
du konntest es nicht sehen.
Es kam aus dem Dunkel,
es war wie ein Wehen.

Du sahst es nicht,
es war ein Phantom,
es war nicht sichtbar
wie ein Atom.

Du spürtest es nur,
du konntest es fühlen.
Es war wie ein Hauch,
ein Hauch von Gefühlen.

Schwätzer

*Er redet,
stellt sich ins rechte Licht.
Wenn andere schweigen,
ist er es, der spricht.*

*Er ist ein Schwätzer,
er redet viel.
Er spricht über alles,
ohne Sinn und Ziel.*

*Er redet und redet,
es ist seine Lust
und zerredet dabei
seinen Ärger und Frust.*

Traumland

*Unter Palmen am Meer
möchte er gehn
und wünschte sich ,
die Zeit bliebe stehn.*

*Dort, wo es still ist,
wo die Sonne scheint,
wo alles leicht ist
und keine Seele weint.*

*In einem Traumland
wäre er geborgen.
Es gäbe einen Tag nur
und nie einen Morgen.*

Grundlos

*Plötzlich, grundlos,
schlägt jemand zu
und tritt noch nach
mit seinem Schuh.*

*Er trifft den Kopf
mit seinem Schuh
und tritt noch immer
grundlos zu.*

*Erst als sich unten
nichts mehr rührt,
hat er dann endlich
aufgehört.*

Waldfrieden

*Es ist so still,
die Vögel schweigen,
sie singen nicht.
Der Wald steht stumm.*

*Sie ruhen aus
auf ihren Zweigen
und sitzen auf den
Drähten rum.*

*Ein langer Zug
fährt grad vorüber.
Er stört die Ruhe
laut und schrill.*

*Dann ist er fort
und es ist wieder,
wie vorher,
friedlich und still.*

Kälte

*Es ist die Kälte,
ich fror in der Nacht.
Ich ging durch die Straßen
und hab nachgedacht.*

*Die eisige Kälte,
ich dachte an Eis.
Sie rann in mein Herz,
mein Herz wurde weiß.*

*Es ist überall,
es strömt mir entgegen,
die Kälte, das Eis
auf all meinen Wegen.*

*Wo ist nur ein Herz,
das warm noch schlägt.
Ich spüre nur Kälte,
die nichts mehr bewegt.*

*Alles ist weiß,
zu Eis geronnen.
Wo ist ein Herz,
wo kann ich mich sonnen.*

Der Nebel

*Du siehst, wenn aus den Wiesen
Nebel steigen, wenn du es sehen
willst, den Elfenreigen und hörst
im Nebel unsichtbare Geigen,
wenn du sie hören willst und
wenn die Nebel steigen.*

*Sie sind dir nahe und du kannst sie
fühlen und hörst wie sie die Spiele
spielen und wenn die Nebel höher
steigen, erblickst du auch die Spieler
und die Geigen.*

*Die Nebel gaukeln dir Gebilde vor,
wenn du sie sehen willst, wirst du sie
sehen, doch wenn der Nebel fällt
ist alles wie zuvor. Es ist, als wäre
nichts geschehen.*

Nach dem Krieg

*Es war die Not,
es war die schwarze Nacht.
Es brannte kein Licht
in den Straßen
und nur der Hunger hat uns
wach gemacht,
wir waren von allen
verlassen.*

*Wir suchten
Kartoffeln, suchten Brot,
wir suchten was zu essen.
Wir aßen manches in der Not.
Der Krieg war schon halb
vergessen.*

*Wir suchten Holz,
es war kalt in der Zeit
Wir sahen Viele nie wieder.
Wir brachen mit der Vergangenheit.
Nun waren wir alle Brüder..*

Herbst am Meer

Am Strand die Wellen
spielen ihr Spiel.

Der Sand ist hart,
die Luft ist schon kühl.

Weiße Segel schweben
übers Meer.

Von irgendwo dröhnt
ein Nebelhorn her.

Die Promenade liegt
leer und verlassen

und es ist still
auf den Terrassen.

Winter am Meer

*Der Strand
ist jetzt
leerer als zuvor.*

*Der Winter kam
und das Meer
gefror.*

*Die Wellen
rollen nicht mehr
an den Strand.*

*Das Meer ist still,
vereist
ist das Land.*

*Nur Eis ist zu
sehen bis weit
auf die See.*

*Das Wasser ist
Eis, es ist
Eis und Schnee.*

*Doch ganz weit
draußen, rollt
noch die See.*

*Dort fließt sie
noch, ohne Eis
ohne Schnee.*

Fremd

Fremd fühlt sich dein Arm an,
fremd dein Gesicht, dein Haar.
du bist so weit entfernt von mir
und doch so nah.

Es ist dein Haar und dein Gesicht.
Du bist es und du bist es nicht.
Du bist mir fremd im Morgenlicht.

Worte

Worte bleiben,
überdauern Welten.
Kein Sturm fegt es fort,
das eherne Wort.

Worte bleiben,
gesprochen, geschrieben
auf Papier, in Stein,
sie werden sein.

Zeit

Irgendetwas veranlasste uns, aufzustehen, weil die Zeit plötzlich so schnell raste, dass wir noch schneller laufen mussten, schneller, weil die Zeit verging, dass wir ihr hinterher laufen mussten, weil sie uns entrann. Doch wir holten sie wieder ein und waren jetzt sicher, bis sie uns wieder überholte und wir weit hinter ihr zurück blieben. So liefen wir immer weiter, der Zeit hinter her, bis wir nicht mehr konnten. Wir legten uns hin und sahen sie weit vorne laufen. Da überkam uns die Ruhe und wir nahmen sie uns, die Zeit, und sie blieb bei uns und sie lief nicht weiter. Sie dehnte sich aus und wir hatten sie plötzlich, die Zeit, die wir uns genommen hatten.

Frühe Tage

Sie waren hell,
die Tage waren heller.

Die Zeit war still,
die Zeit war leise.

Jetzt sind die Tage
hektisch und viel schneller

Und sie sind kürzer,
auf geheimnisvolle Weise.

Als noch die Tage
hell und stiller waren,

als sie noch leise waren
und noch unerfahren,

als man nichts wusste
von Gefahren,

da lief die Zeit noch
langsam und nicht schnell

und alle Tage waren
stiller, waren hell.

Südlich

*Leicht
erregt
ist hier
die Luft,
wo weiche,
fließende
Gewänder
wehen
und
über allem
schwebt
ein
Duft
von
Oleander,
dort,
wo
die weißen
Villen
stehen.*

Vision

*Wie eine Raupe sich entledigt ihrer Haut,
so streifst du einmal deinen Körper ab
und wirst ein Schmetterling, so schön wie er,
und schwebst in eine neue, schönre Welt,
wo nur das Gute und das Edle zählt.
Das Böse stirbt schon mit dem Tod. Es enden
Krankheit, Leid und Not.. Du bist so rein,
verlässt du diese Welt, so rein wie Schnee,
der nachts vom Himmel fällt.*

Meine Insel

*Hier ist die Insel,
die ich immer suchte,
im grünlich
schimmernden Meer.
Hier ist die Einsamkeit,
die ich einst verfluchte.
Hier ist es hell
und leer.*

*Hier ist die Ruhe
die ich immer suchte.
Hier ist der Frieden
den ich will.
Hier ist die Leere,
die ich einst verfluchte.
Hier ist es ruhig
und hier ist es still.*

Wanderung

*Den Waldweg entlang.
Die hohen Kiefern,.
wo der alte Schießplatz war.
Ein kleiner See,
mitten im Wald,
von dem sich ein weißer Schwan
abhebt wie ein Flugboot,
plätschernd
und flügelschlagend.
Knarrend
schlagen die Spechte
und ganz fern
unhörbar fast,
eine Nachtigall,
welch seltener
Ton.
Dann auf der Lichtung,
sie führt auf den
Fahrweg
aus festen Bohlen
und nach einer Weile
in der Ferne
ganz klein
der Kirchturm
und die Umrisse
der Stadt.*

Fundort

Gedrängt in den Büschen der Haselnusszweige,
in lautloser Stille, vergessen,
gelockt und verfolgt im Dickicht der Wälder,
treulos, verwegen, vermessen.

Altdeutsche Laute auf karstigen Feldern,
fort ist der Einsamkeit Stille,
es entsteht neu aus Scherben vergangenes Leben,
aus Schutt und Leere, die Fülle.

Sie sind noch Zeugen vergangener Zeiten,
es sprechen Steine, Gemäuer,
gedüngt und gesegnet die Kruste der Erde,
Rauch aus vergänglichem Feuer.

Herzen sind in die Scherben geschrieben,
Sonnenlicht sanftes Geflecht.
Es war die Zeit der Helden und Minne,
Könige, Kaiser Geschlecht.

Die Gärten

Nun wird es in den Gärten still,
denn dunkel schwebt der Abend nieder.
Verblichen ist der Duft vom Flieder.
Ein Hauch von Erde senkt sich nieder
und ein Geruch von Abfall und von Müll.

Es wird nun still in allen Gärten.
Um dunkle Beete weht ein kühler Hauch.
Ein bleicher Mond wirft seine Strahlen
auf Büsche und den Himbeerstrauch
und auf die roten Rosen auch.

Wen kennst du

*Ich kenne niemanden
den ich wirklich kenne.
Wen soll ich schon kennen ?
Ich kann niemanden nennen,*

*Ich sehe nur immer,
ein lächelndes Gesicht,
doch wie es in der Seele aussieht,
das weiß ich nicht.*

*Sicher wirst du niemals sein,
denn in den Gedanken
ist jeder allein.*

Weihnacht

*Der Himmel ist grau,
Schnee fällt
herab.*

*Vermummte eilen
die Straßen
hinab.*

*Es ist eiskalt,
hinter Scheiben
Gesichter.*

*Aus vielen Fenstern
strahlen
heut Lichter*

*und Glocken
läuten die
Weihnacht ein.*

*Frieden
für alle,
soll die Botschaft sein.*

Draußen

*Draußen ist es so grau,
wohin ich auch sehe
und vor der Tür
liegt eine Wehe
von Schnee direkt
vor mir.
Ich habe heute so ein
Gespür.
Es kommt ein Sturm,
der Schnee wird wehen.
Ich bleibe hier.
Ich werde nicht gehen.
Da draußen weht es,
da stäubt der Schnee.
Er wirbelt herum,
wohin ich auch seh.
Bald stürmt es draußen,
ich bleibe hier.
Ich gehe nicht fort
und schließe die Tür.*

Übers Meer

*Im Sonnenlicht
zerrann mein Gesicht.
Ich flog mit den Strahlen,
ich flog mit dem Licht,
als Atom, als Welle
mitten im Licht
und spürte den Leib
und die Seele nicht.*

*Es strahlte hell
um mich überall
das große Licht
aus dem Welten All.
Ich flog übers Wasser,
im Schwall von Licht.
Ich flog übers Meer
und wusste es nicht.*

Frei

Endlich frei,
befreit
vom Schmerz.

Die Seele frei
und frei
das Herz.

Wie hell
und klar ist
heute die Luft.

Ich sehe die
Blumen,
rieche den Duft.

Ich sehe
am Himmel
eine strahlende Sonne.

Ich lebe
wieder,
welche Wonne.

Traurigkeit

*Fühl nur, es ist die Traurigkeit,
die dich erfüllt seit kurzer Zeit.
Sie dehnt sich aus in dir und bleibt,
wenn sie dein Geist nicht bald vertreibt.*

*Die Traurigkeit trieb durch die Städte,
sie trieb, als wenn ein Wind sie wehte.
sie kam so lautlos wie ein Schatten
und ließ die Herzen schnell ermatten.*

*Sie kam und zog die Seelen nieder.
Sie ging und kam doch immer wieder.
Fühl nur, ob sie noch in dir ist
und du noch immer traurig bist.*

Wenn alles so bleibt

*Wenn alles so bleibt, wird es Kriege geben,
immer wieder wird es Kriege geben.*

*Es muss verhandelt werden, um Kriege zu verhindern,
das schulden wir unsern Kindern und Kindeskindern.*

*Keiner will Kriege, alle fürchten die Kriege,
das ist die Wahrheit, alles andre ist Lüge.*

*Kriege müssen geächtet werden,
nur so gibt es endlich Frieden auf Erden.*

*Es wird nicht anders, wenn alles so bleibt.
Es macht sich schuldig, wer zum Kriege treibt.*

Zu spät

Ich kann nicht mehr.
Ich muss es eingestehn.
Ich kann das Elend nicht
mehr sehn.
Ich kann nicht mehr
mit dir so lachend, scherzend
durch die Straßen gehn.
Ich kann nicht mehr
dem Tag vertrauen, ihn begrüßen.
Ich muss das Ende von dem Tag
erst wissen.
Ich kann es nun nicht mehr,
ich will es nicht mehr können.
Es ist schon spät,
das muss ich jetzt erkennen.
Ich kann nicht mehr
von Träumen träumen.
Es gibt auch nichts mehr
zu versäumen.
Ich kann nicht mehr,
wohin führt nur der Weg?

Zu allem ist es jetzt zu spät.

Endelos

*Lautlos
wie die Stille,
lautlos ohne Laut.
In lautlos stiller Stille,
hört man keinen Laut.*

*Spurlos
ohne Spuren,
verschwunden ohne Spur.
Es wurde nichts gefunden,
nur Spuren einer Spur.*

*Endlos,
endelose,
endlos öde Öd.
In endeloser Öde
hilft nur noch ein Gebet.*

Träume

*Träumt eure Träume,
Träume vom Glück.
In dunklen Stuben
trübt sich der Blick.*

*Draußen im Hellen
wird vieles klar,
was noch bisher
im Dunkeln war.*

*Warm ist die Sonne,
bläulich das Licht.
Hinter den Scheiben
ein schönes Gesicht.*

*An den Bäumen
die braune Rinde,
flatternde Haare,
lose im Winde.*

*Wolken sie ziehen,
ziehn mit dem Wind,
dorthin, wo unsere
Träume sind.*

Einmal

*Einmal nicht spüren
die Last der Schwere
und einmal verlieren
die Angst vor der Leere.*

*Einmal nur schauen
wie alles blüht.
Nur träumen, schauen,
vom Schauen müd.*

*Einmal nur frei sein
und ohne Gedanken,
nur leicht und frei sein
und ohne Schranken.*

Eisteich

*Es ist so still,
am gefrornen See
klirrt das Eis.*

.

Raben fliegen
um den See,
fliegen im Kreis.

Der Mond
schimmert durch
die Äste
mit silbernem Schein.

*Es ist so still,
nur die Raben
schrein.*

.

Stille Einsamkeit

*In die Stille tauchen
in die Einsamkeit,
in die stille, schwarze
Dunkelheit.
Schatten schweben
im Kreise herum.
Die Stille ist einsam,
die Stille ist stumm.*

*Ein Licht ist grade
eben entflammt,
zerreißt das Dunkel
aus schwarzem Samt.
Dort, wo das Dunkel
die Stille verdrängt
und die Einsamkeit
hin zur Stille drängt,
wo sich Dunkel und
Stille schließlich einen
und alle sich im Dunstkreis
vereinen. Da bleibt es still,
da bleibt es stumm
und die Schatten schweben
im Kreise herum.*

Nachtlicht

*Noch sind die Häuser stumm,
sie liegen noch im Dunkeln.
Es weht ein kühler Wind
durch eine leere Stadt.*

*Die Luft ist schwarz,
es ziehen schwarze Wolken,
wo eben noch der Mond
geschienen hat.*

*Die welken Blätter
treibt der Wind zusammen.
Die schwarzen Bäume
schwanken leicht*

*und trübe Lichter
glimmen in den Straßen,
um die ein feiner Nebel
streicht.*

Wege

*Der Weg ins Leere
führt ins Nichts,
führt an das Ende
allen Lichts.*

*Vergessene Wege
verweht der Wind,
wenn sie erst mal
vergessen sind.*

*Und jeder Weg
führt irgendwohin
und jeder Weg hat
irgendeinen Sinn.*

Verschlungene Pfade

*Die Pfade sind
oft
verschlungen,
oft
undurchsichtig.
Niemand
durchschaut sie
ganz,
sieht das Ende,
sieht
einen Ausweg
aus dem Gewirr
der
verschlungenen Pfade.
Niemand
sieht
ein Licht,
sieht
ein Ende
der Wege.
Sie alle
torkeln nur
durch lichtlose
Gänge,
stolpern über
Steine*

*und sehen nicht,
dass es
keinen Ausweg
mehr gibt.*

Nur eine kurze Zeit

*Es ist nur eine kurze Zeit, es sind nur Jahre
und doch ist es für viele eine Ewigkeit.
Dies ist jetzt ihre Zeit, sind ihre Jahre.
Für viele ist das eine lange Zeit.*

*Sie richten sich fest ein, sie glauben an die Träume,
sie träumen von Unsterblichkeit,
Sie klammern sich an Orte und an Räume
und machen sich auf dieser Erde breit.*

*Alles um sie ist fest, so denken diese Leute
und keiner merkt, dass er nur schwebt.
Für alle gibt es nur das Heute,
in dem man so bequem und sicher lebt.*

*Doch es ist eine kurze Zeit, es sind nur Jahre
und ist auch keine lange Zeit.
Sie ist nur kurz, es sind nur Jahre,
von heute bis zur Ewigkeit.*

Der Taucher

Er kann nicht sagen,
wie lange er tauchte,
wie lange er brauchte
in diesem Meer.
Er trieb hin und her.

Er kann nicht sagen,
wie alles geschah,
es war ihm nicht klar,
warum er noch blieb
und noch weiter trieb.

Er kann nicht sagen,
wie lange er sank,
wie tief er drang
in diesen Sund,
er sank auf den Grund.

Er kann nicht sagen,
was er da sah,
wie alles geschah.
Er machte am Grund
einen seltsamen Fund.

Man kann jetzt sagen,
warum er blieb

und nicht mehr trieb.
Er sah helle Räume
und glaubte, er träume.

Er sank immer tiefer
in den schimmernden Kies
und glaubte, er schwebe
ins Paradies.

Tag um Tag

Die Tage zerrannen,
sie flogen dahin.
Tage und Nächte.
Wo sind sie hin ?

Wo sind die Träume
von damals, wohin ?
Zerstoben ,verwoben
und aus dem Sinn.

Die Zeit verging,
sie flog dahin.
Tage um Tage.
wo sind sie nur hin ?
.

Leben

Im Himmelsblau,,
im Blau des Himmels,
wo Wolken wandern,
Adler schweben,
ist Leben,
weben,
schweben,
Leben.

Ist Leben,
du siehst ein Ende nicht
vom Schweben,
vom blauen Himmelslicht.
Es ist ein Schweben
und ein Weben,
und überall ist Licht,
ist Leben.

Im Grün, im Wiesengrün,
im Grün der Wiesen,
wo Tiere ziehn
und Blumen blühn,
ist Leben,
du siehst das Ende nicht
vom Grün,

*vom hellen Tageslicht.
Es ist ein Schweben
und ein Weben
und überall ist Grün
ist Leben
und überall
ist Blühn.*

Bilder

*Bilder treiben, verlöschen im Sand,
bleiben, treiben im Wandel der Zeiten,
vergehen, entstehen, verbrennen im Brand,
treiben hinaus in endlose Weiten.*

*Alles dreht sich, verliert sich im Takt,
alles vergeht und bleibt doch bestehen.
Es sind nur Bilder, farblos und nackt.
Es sind nur die Zeiten, die kommen und gehen.*

*Bilder vergehen, entstehen, verwehen,
eine riesige Flut, ein Meer von Zeiten.
Alles, was war, was ist, was geschehen,
alles zerrinnt in Ewigkeiten.*

Ich weiß es jetzt

*Ich weiß es jetzt,
ich habe es erfahren.
Ich war wie ein Kind
so schwach
und klein
und wollte doch
ein Starker sein.*

*Es blieb auch so,
ich konnt es kaum ertragen.
Ich litt
wie nie
und schrie
in meiner Fantasie.*

*Nun weiß ich es,
ich habe es erfahren.
In diesen schweren Stunden
verlor ich
mein Gesicht.
Ich suchte,
doch ich fand
es nicht.*

Allein

Wer fragt noch wen,
wer kann wen fragen ?
wer ist noch da
in höchster Not.

Das Haus ist leer
nach lauten Tagen.
Niemand ist da,
alle sind tot.

Dein Wort verhallt
an leeren Wänden.
Du bist allein
auf dieser Welt.

Dein Leben glitt
dir aus den Händen.
Niemand ist da,
der dich noch hält.

Nachtgedanken

*Ich hab gedacht
die ganze Nacht
und hab gewacht
und nachgedacht.*

*Was hab ich gemacht,
hab ich gedacht,
die ganze Nacht,
was hab ich gemacht ?*

*Hab ich geweint,
hab ich gelacht,
hab ich alles richtig
oder falsch gemacht ?*

*Die ganze Nacht
hab ich gewacht
und über mein
Leben nachgedacht.*

Die Stimme

Er ging
sonntags, wenn es ruhig war,
durch leere Straßen
und hörte die Stimme,
die laute Stimme,
während er ging
durch die Straßen,
diese laute Stimme
aus dem Radio,
überall,
durch die offenen Fenster
der Häuser,
in den leeren Straßen,
durch die er ging,
sonntags,
als er ein Junge war
hörte er diese laute Stimme,
lauter als seinen Schritt
auf dem Pflaster,
hörte er sie,
überall.

Schöne Tage

Denk nur an jene letzten Tage,
die heiter waren und so schön.
An solche Zeiten, solche Tage,
die wie in einem Rausch vergehn.

An Tage, die so sanft erscheinen,
dass sich das Leben leben läßt.
Wenn andere den Tag beweinen,
war jeder Tag für dich ein Fest,

und reihst du die verlebten Tage
in schöne und in trübe ein,
so könnten diese letzten Tage
für dich die schönsten sein.

Abenddämmerung

Im trüben Licht,
im Dämmerschein,
nisten sich zarte
Nebel ein.

Im Grau der Straßen
geduckte Gestalten.
Sie hasten vorbei,
ohne zu halten.

Rauch ringelt sich weiß
in die dämmernde Nacht,
in der bald ein Lichtermeer
erwacht.

Der Alte

Nun ist er müde,
träumt nicht mehr.
Er geht jetzt langsam,
sein Haar ist weiß.

Es bleibt nicht viel,
es bleibt die Straße,
es bleibt der Himmel,
der blau ist und heiß.

Alles ist anders,
anders geworden.
Dicht fällt der Schnee
in die Nacht.

Es weht ein
kalter Wind aus Norden.
Was hat die Zeit
nur aus ihm gemacht.

Es muss nicht sein

Du musst es nicht, es muss nicht sein,
du musst nicht alles schaffen,
doch manche reden es dir ein,
es müsste alles zu schaffen sein,
die machen dich zum Affen.

Du brauchst es nicht, es muss nicht sein,
es muss auch anders gehen.
Es muss nicht alles zu schaffen sein,
dass reden dir nur manche ein
und du lässt es geschehen.

Vergangenes Licht

*Ich träume,
träume einen Traum.
Ich träume mich
durch Zeit und Raum.
Ich rieche die Luft
vergangener Zeit
und spüre den Duft
der Vergangenheit.
Ich träume von einem
hellen Land.
Es weht der Wind.
Es weht der Sand.
Überall nur
helle Lichter
und in der Ferne,
schöne Gesichter.
Ich ahne und spüre
vergangenes Licht.
Ich träume es ,
doch ich seh es nicht.*

Ich ging

*Ich ging, ich ging,
so unbefangen
und sang als rings
die Vögel sangen.*

*Als alles sang
im grünen Wald,
hört ich eine Stimme
von himmlischem Klang.*

*Es schien als käm es
von Ungefähr,
als käm es von oben
zu mir her.*

*Von oben her,
kam dieser Schall
Es sang so schön,
die Nachtigall.*

.

Bild

*Es ist schon alt
das Bild von dir,
verschwommen
wie der Nebel
in den Bäumen.*

*Ich blieb allein
mit diesem Bild
von dir
und warf sie zu,
die Tür,
zu dir
und meinen Träumen.*

Kinderzeit

*Vergangen ist die Zeit,
sie ist verweht.
Als wir noch Kinder waren,
war es noch nicht spät.*

*Da floss die Zeit
träge dahin.
Wir ahnten nicht
den Wert und Sinn.*

*Wir dehnten sie
meist weiter aus.
Wir lebten jede
Stunde aus.*

*Erst später sahen
wir den Sinn.
Da raste schon
die Zeit dahin.*

Nur Wenige

*Es sind die Schwachen,
der Staub im Wind.
Es sind die Vergessenen.
Es ist das Kind.*

*Es sind die Träumer,
sie träumen am Tag.
Sie träumen Träume,
die keiner mag.*

Es sind oft Verlorene,
sie können es nicht.
Sie leben im Dunkeln
wie andre im Licht.

*Es sind nur Wenige,
die barmherzig sind.
Sie retten die Schwachen,
sie retten das Kind.*

Am Fluss

*Zum stillen Fluss,
der träge fließt,
geh ich
so gerne hin.*

*Ich geh ans Ufer,
dort, wo ich
alleine bin.*

*Es fliegen Möwen
wild umher,
sie kreisen, stürzen,
schweben*

*Es ist so still,
nur ihr Geschrei
erfüllt den Fluss
mit Leben.*

*Der stille Fluss
fließt träg dahin
und träge ist
mein Schritt.*

*Ich gehe mit dem
trägen Fluss.
Ich gehe mit ihm
mit.*

Im Dunkeln

Es ist dunkel, nur entfernte Lichter funkeln.
Wir sehen sie, doch wir sind im Dunkeln.
Die Lichter sind hell, die dort hinten funkeln,
so wie Sterne leuchten sie aus dem Dunkeln.

Wir gehen auf sie zu, auf die fernen Lichter,,
sie spiegeln sich schwach in unsern Gesichtern.
Sie blinken und blinken vor uns und sie funkeln,
sehr weit entfernt noch und wir sind im Dunkeln.

Jetzt sind wir nah, nah bei den Lichtern,
erschöpft vom Weg mit müden Gesichtern,
da verlöschen sie und hören auf zu funkeln
und wir sind schon wieder mal im Dunkeln.

Halluzination

*Das Flimmern, plötzlich,
vor den Augen,
dieser bläuliche Schimmer.*

*An der Tür, plötzlich,
Gesichter
in meinem Zimmer*

*und Stimmen, plötzlich,
sehr
unangenehm.*

*Ich wusste, es musste
wie es kam,
vergehn.*

Die Straße

Was such ich noch, ich kann doch gar nichts finden.
Die Häuser sind nicht mehr, sie sind zerstört, verbrannt.
In unsrer Straße stehn jetzt fremde, andre Häuser,
nur ein paar Steine sind mir noch bekannt.

Es sind die Steine, die am Gehweg liegen,
sie sind geblieben noch nach Krieg und Brand.
Ich beuge mich ganz tief herunter
und streichle zärtlich sie mit meiner Hand.

Ich suche, doch ich kann den Platz nicht finden,
wo unser Haus einst stand, ich find ihn nicht.
Auf unsrer Straße stehen fremde, unbekannte Häuser
und sie verlor vollkommen ihr Gesicht.

Sturm

*Noch ist es still, noch sind
die Stürme nicht erwacht.
Es sind nur laue Winde,
die heut wehen.*

*Doch wenn sie stürmen,
die Stürme in der Nacht,
wenn sie sich wenden
und sich drehen,*

*dann stürzt zu Boden,
was der Sturm erfasst.
Das Meer hebt Wellen
hoch, wie Türme,*

*der Wind, er wird
zum Sturm und rast,
aus lauen Winden
werden Stürme.*

Lass

Lass dich treiben,
vergesse die Zeit,
vergesse die Not,
vergesse das Leid.
Nehme den Kelch,
versuche es nicht,
bleibe im Glauben,
treibe ins Licht.
Lass alles ruhen,
sinke ins Nichts,
versinke, vergehe
im Strahle des Lichts.

Dort

*Dort waren wir einst,
dort ist nichts mehr.
Alles ist fort,
es ist alles leer.*

*Da blühen jetzt
Rosen und Narzissen.
Alles ist fort,
zerstört, abgerissen.*

*Dort waren wir einst,
dort war unser Leben.
Alles ist fort,
verlassen, vergeben.*

*Da steh ich nun,
ich sehe nichts mehr.
Alles ist fort,
es ist alles leer.*

Nie allein

*Nirgendwo bist du allein,
du müsstest in die Wüste gehen,
in die Weiten Asiens vielleicht,
selbst dein Schatten folgt dir überallhin*

*Immer ist jemand vor dir oder
hinter dir, es folgt dir immer jemand.
Selbst in einsamen Nächten, wenn
nur der Mond scheint, hörst du Schritte*

*vor dir oder hinter dir, du bist nicht allein.
Vielleicht in den Bergen, wo Schnee liegt,
hörst du nur dein Echo, das widerhallt an
den Wänden, siehst du nur einzelne Wanderer.*

*Im Grunde bist du nirgendwo allein,
doch inmitten der vielen Anderen
bist du manchmal einsam, merkst du,
dass du doch sehr allein bist auf der Welt.*

Rätsel

Wenn die scheue Nacht
leise
aus wirren Träumen
erwacht
und ihr Mund weich
die Säume des Weltalls
berührt
stimmen die Geräusche
der Welt
sich ein
in den Chor
der himmlischen Gezeiten,
Wellen
durchdringen den Raum
bis zur gedachten
Ewigkeit
und hinter dem Raureif
aller Dinge
bewahrt
das rätselhafte Rätsel
noch immer
seine
seine letzten Rätsel
auf.

Abschied

Heute, da ich Abschied nehme,
Strandsand streichle, Seeluft atme,
schau ich noch einmal auf die grauen Wellen,
auf die wehenden Dünen und streife ziellos umher
und kehre doch immer wieder zurück ans Meer.
Und dann stehe ich verloren
oben auf der Steilküste
und sehe die See noch einmal vor mir
rieche ihren salzigen Atem
und spüre , es wird diesmal ein Abschied
für lange sein und atme und schaue,
während am Bahnhof
mein Zug schon fährt.

Es

*Irgendwo
über den Wolken,
im Weltall,
in den Tiefen
der See,
dort, wo
die Wellen
wie Türme
aufragen
und wieder zerfallen
oder in
dem Kleinsten,
dem Winzigsten,
dem Unsichtbaren,
dort, wo
die Kraft verwahrt ist,
im Atom,
dort, wo
niemand es vermutet,
im Verborgenen,
in den Tiefen
der Seele,
im Aufflammen
der Augen*

*von Menschen
oder von Tieren
   da ist es
   und lebt.*

Etwas

Es ist Etwas, das aus dem All fiel,
von zerborstenen Sternen fiel es
durch die Wolken ins grüne Tal,
pflanzte sich ein in die heimische Erde,
wuchs und blühte überall als ein
seltsames, fremdes Gewächs.

Noch sieht man das Fremde, das Andre,
man sieht noch die seltsamen Linien.
Es haftet ein Geheimnis noch an,
das es umweht wie ein schimmernder Glanz.
Fremd ist es und bleibt es noch, dieses fremde
Schöne, das nun wächst in der fremden Erde,
in einem fremden Land.

Momente

*In den Kathedralen
in der schweren Stille,
wo die Jesusfigur herabblickt
auf das bunte Mosaik
der gläsernen Wände.
Oder*

*In der Stille der Wälder
in dem grünen Meer der Bäume,
wo der blaue Himmel
eintaucht in die Kühle,
in den Schatten
der Mooshaine.
Oder*

*In den Straßenschluchten
mit den überfüllten Straßen,
wo sich Häuser und Geschäfte
aneinanderreihen
an große, gläserne Türme.
Oder*

*Am Meer, das sich grau und schwer
wälzt
an die Buchten und Strände,
wo sich Schiffe abzeichnen,*

*ganz klein
in der Ferne
und die Sterne sich nachts
spiegeln
im Wasser.*

Masken

*Ein Gewirr von Gefühlen
im Alltagsgrau
und niemand von allen
trägt sie offen zur Schau.*

*Die große Verwandlung
beginnt schon bald.
Sie tragen alle Masken,
ob Jung, ob Alt.*

*Sie spielen ihr Stück,
jung oder alt.
Sie sind gute Spieler,
das merkt man bald.*

*Sie spielen es lang,
bis zum bitteren Ende.
Erst der Tod nimmt die
Maske in seine Hände.*

In der Stadt

*In der Stadt, in allen Straßen,
in den regennassen Gassen,
spiegeln sich die bunten Lichter,
wechseln ständig die Gesichter.
Alle Straßen, die sind nass
und der Himmel, der ist blass.*

*In der Stadt, in allen Straßen,
in den regennassen Gassen,
laufen Menschen hin und her
Doch am Abend sind die Straßen
und die regennassen Gassen
wieder leer.*

Ich sage nichts mehr

Ich sage nichts mehr, ich möchte nichts mehr sagen,
was ich zu sagen hatte, habe ich gesagt.
Nun bin ich nicht mehr jung und nicht gefragt.
Was ich zu sagen hatte, habe ich gesagt.

Ich frage nichts mehr, ich möchte nichts mehr fragen,
was ich zu fragen hatte, habe ich gefragt
Nun stell ich keine Fragen mehr und werde nicht gefragt.
Was ich zu fragen hatte, habe ich gefragt.

Ich tue nichts mehr, ich möchte nichts mehr tun,
was ich zu tun hatte, habe ich getan.
Nun tu ich nichts mehr, fange nichts mehr an.
Was ich tun musste, habe ich getan.

Im Nebel

Es ist Nebel

der sich um die Bäume legt
und der im Lampenschein
sich auf und ab bewegt.

Es ist Nebel

der durch die Gassen treibt,
der an den Zweigen hängen
bleibt.

Es ist Nebel

dieser weiße Traum.
Er schwebt wie Watte
stumm im Raum.

Es ist Nebel

wenn sich Schleier teilen
und Schatten durch die
Gassen eilen.

Ein Paradies

*Lautlos
aus blauem Wasser,
aus der Grotte,
steigt sie empor,
Aphrodite,
die weiße Göttin.
Engel fliegen um sie herum
und die See wird langsam
glatt und ruhig,
als könnte nie ein Sturm
auf ihr gewütet haben.
Durchsichtig bis auf den Grund
ist die See,
Korallen leuchten
aus der Tiefe
und das blaue Wasser
zerrinnt schäumend am Strand.
Stille umher,
nur das leise Schlagen
der Wellen
ist zu hören,
wenn weitab von jeder
Regung
ein Paradies
sich offenbart.*

Ein Mensch

*Du stehst im Licht,
hast ein Gesicht
und eine Seele
leuchtet aus den Augen.
Dein Schatten,
der im Gehen weht
und sich
mit deinem Körper dreht
ist schwarz
und hell ist dein Gesicht.
Du siehst schön aus
im Mondenlicht.*

Der Traum

*Es beginnt bei Träumen
ein Schattenspiel,
zusammenhangslos,
aber mit Gefühl.*

*Gesichter erscheinen,
sekundenschnell.
Ich kenne sie nicht,
sie sind dunkel und hell.*

*Sie laufen vorbei,
sie sehen mich nicht,
doch manchmal
erkenne ich ein Gesicht.*

*Wir reden zusammen,
wir reden stumm
und schon ist eine
Sekunde herum.*

*Es sind meist Fremde,
die ich dort sehe,
mit denen ich spreche
und nicht verstehe.*

*Wache ich auf,
erinnere ich mich kaum,
denn bald darauf
verliert sich der Traum.*

Ein Film

*Es ist ein Film,
du siehst
dich laufen,
du siehst
dich raufen,
siehst dich
dich saufen.
Die Jahre
wechseln,
sie gehen
vorbei.
Du bist aktiv
und immer
dabei.
Du läufst
und läufst,
siehst deine
Geschichte,
siehst alte
Bekannte
und Gesichte,
siehst dich
als Greis
auf dem
Abstellgleis,
siehst Dinge,*

*von denen
keiner etwas
weiß
und siehst
dich leiden
noch am
Schluss
und merkst,
das Alter
bringt
Verdruss.*

Morgen am Meer

*Im Morgenlicht, am frühen Morgen,
die See liegt still, im Nebel verborgen.
Die Möwen, die im Wasser sind,
die fliegen auf und mit dem Wind.
Sie fliegen von der See an Land
und hocken sich jetzt in den Sand.
In den schleichenden Nebel bricht hinein
die Sonne mit ihrem gelben Schein.
Alles ist still zu dieser Zeit
und liegt in tiefer Einsamkeit.
Nur Möwen schwärmen um den Strand
und Wellen tänzeln in den Sand.*

Am Grab

Seltsam.
Du gingst mir schon voran,
du weißt es schon,
du kannst es sehen
Für dich fing schon
das Undenkbare an,
mit dir ist alles schon
geschehen.

Ich sehe deine Gruft,
und sehe deinen Stein.
Ich rieche Blumenduft
und denke nur,
das kann nicht sein.

Später

*Früher dachte ich,
so wird es sein.
Ich werde niemals
einsam sein.
Wie Rosen immer
wieder blühn
und Vögel immer
südwärts ziehn,
so bleibe ich wohl nie allein.
So wird es sein.*

*Doch immer mehr
seh ich jetzt ein.
Ich werde später
einsam sein.
Es werden neue
Rosen blühn
und Vögel werden
südwärts ziehn
doch ich werd
später einsam
sein.
So wird es sein.*

In der Nacht

*Schatten
der Nacht,
dichter Nebel
wie Rauch.*

*Schwarz
der Wald,
vom See
kühler Hauch.*

*Dürre
Zweige,
schwarzes
Geäst.*

*Straßen,
dunkel,
vom Regen
durchnässt.*

*Nebel
kriecht
in die Straßen
hinein*

*In Pfützen
spiegelt
sich
Mondenschein.*

*Still
liegt die
Stadt
so still und leer,*

*als
wenn sie
ausgestorben
wär.*

Vers

*Ich will sein
wie ein Schüler,
gelehrig und brav
und nicht unnütz
die Unabänderlichkeit
des Schicksals verfluchen
oder die Forschungen
der Gelehrten verhöhnen.
Es ist die Verzweiflung,
die oft böse Engel schafft
und gute vertreibt
und es ist die Einsamkeit,
die oft gute Gedanken
hervorbringt oder verdirbt.
Die Wände der Sinne
stehen zwischen den Welten
und sie stehen fest.
Niemand sah durch sie
hindurch, konnte sie überwinden
in all den Zeiten.*

Meeresrauschen

*Landwärts
rollen
die Wellen,
treiben
an Land.*

*Schaum
schäumt auf
und verrinnt
weiß
im Sand.*

*Ewig
hab ich
das Rauschen
im Ohr*

*das
immer blieb
und sich
niemals
verlor.*

*Wo ich
auch war,
ich hör
es
in mir*

*das
Rauschen
der Wellen,
als wäre
es hier.*

Die Regeln

Folgsam gefolgt
den Regeln,
nie gerügt,
nur immer gefolgt
den Regeln,
mit gebeugtem
Rücken.
Rückwärts gestolpert,
den Boden
abgewischt
mit bloßen
Händen,
rückwärts stolpernd
gerutscht,
und
mit krummen Rücken,
immer
die Regeln,
befolgt,
folgsam gefolgt.

Windspiel

*Spürst du den Wind,
der dich umweht,
wie schmeichelnd er
sich um dich dreht?*

*Ein warmer Strom,
bewegte Luft,
umschwebt dich sanft
mit herben Duft.*

*Spürst du ihn noch,
der zärtlich streicht
und sich dann still
von dannen schleicht.*

Das Schweigen

Das Schweigen überkam
die Nacht
und blieb
bis früh der Morgen wacht.

Und blieb
den langen, müden Tag,
bis Schweigen in den Gassen lag.

Es regte sich
nur leis der Wind
und alles schwieg,
sogar das Kind.

Das Schweigen wuchs
zu stiller Größe.
Es schwieg das Gute
und das Böse.

Es legte
alles Leben lahm,
weil es im Schweigen
niederkam.

*Das Schweigen
blieb die ganze Nacht,
dann ist die Stadt
vom Lärm erwacht*

Altes Foto

*Im alten Foto ist
ein Lächeln
eingefroren.
Dies Lächeln
bleibt,
geht nicht verloren.
Wohl spürt das wehe
Herz
den Schmerz
bei jedem Blick,
denn es erinnert
alles
an die Jugend
und an Glück.*

Die Fragen

Es bleibt hier nur
die vage Frage
wo liegt denn hier der wahre Sinn ?
Was ist hier was
und wie ist denn die Lage
und wo geht die Entwicklung hin.

Es sind auch manchmal
schwere Fragen,
Wer stellt so schwere Fragen nur ?
Wer ist hier wer,
wer hat das Sagen
und wer ist hier denn nur so stur.

Es hat ein Ende
mit den Fragen.
Wer ist es, der hier dauernd fragt ?
Wer ist das nur
mit all den Fragen ?
Es ist doch alles schon gesagt .

Gedanken

*Still geworden
vom Schweigen,
geläutert
von nachdenklichen
Gedanken,
treiben sie alle
im Strom der Zeit.
Vergangenheit
ist fern,
es blieben nur
bräunliche
Bilder.
Die Erde schwankt
und Engel sind rar.
Nur manchmal
spürt
man ihren
Flügelschlag,
wie einen Hauch
an der Stirn.
Alle klammern sich
aneinander,
besonders in der
Nacht,
wenn die Sterne
leuchten*

*und sie erschrocken
sind
von der Einsamkeit
und Kälte
des Alls.*

Trugbild

Um deine Schulter gelegt,
und nie mehr abgenommen,
wie einen Persianer,
der sich anschmiegt,
an deinen Leib,
für immer.

Deine ganze Blöße bedeckt,
eingehüllt in weißer Seide,,
nur die schimmernde rosa Haut
die noch bleibt,
die sich zeigt
anderen
Blicken..

Du bist eine Schimäre,
dein weißer Leib leuchtet
und wo du auch gehst,
dein Trugbild
bleibt
und dein Duft
weht noch lange
in der Nacht.

Grauer Tag

Lang war die Nacht.
Als die Lichter erloschen
und der Morgen kam,
war die Welt grau, das Licht
verlor sich im Staub der Straßen.

Als graue Züge fuhren,
als der Wind Papier wehte durch
leere Straßen, schob sich die Sonne
durch dunkle Wolken und Schatten
flogen um die Häuser.

Ein grauer Tag begann,
mühselig brach sich das Licht,
als sich allmählich das Leben regte
und ameisenhaft von allen Seiten
Menschen herbei eilten.

Ablauf

*Die vielen Jahre,
vergangene Zeit.
Die vielen Menschen,
das Glück, das Leid.*

*Die guten Zeiten,
die böse Zeit.
Die vielen Tränen,
die Einsamkeit.*

*Die vielen Gedanken,
um Leben und Tod.
Der ewige Kampf
ums tägliche Brot.*

*Das Abschiednehmen,
der leise Schmerz.
Die Liebe heilt und
bricht das Herz.*

*Das Ende ist bei
jedem offen.
Man kann nur
hoffen.*

Tod am See

Der letzte Gang am See, der letzte Blick,
dann liegt der Tod zu deinen Füssen.
Du hast den Gang heut gehen müssen
und niemals gehst du ihn zurück..

Plötzlich ist eine ganze Welt verschwunden,
die eben noch in deinem Kopf gelebt.
Dafür hast du nun deinen Tod gefunden,
der dich dem Irdischen enthebt.

Du schwebst jetzt, nie warst du so frei,
Du gehst den Weg, den vor dir alle gingen
und hörst, als du noch aufwärts schwebst,
von ferne schon die Engel singen.

Alter

Ich spüre meinen Leib,
den ich bisher kaum spürte.
Ich fühle Einsamkeit,
die mich bisher nicht störte.

Ich spüre eine Leere.
Das Leben fließt vorbei.
Ich kann dem Strom nicht folgen,
ich bin nicht mehr dabei.

Altsein ist schwer.
Es fällt dir aus den Händen
und mühst du dich auch sehr,
es will nicht enden.

Irgendwann

*Irgendwann,
nachts, wenn die Lichter erloschen
sind und alles dunkel ist und schwarz,
taste ich mich durch die Finsternis, durch
die Stille, durch den schwarzen Samt der
Nacht, treibe ich irgendwo, umgeben nur
von schwarzem, seidigem Nebel, der sich
anschmiegt an den Leib bei jedem Schritt.
Wohlig, dieses Dunkel, es hüllt dich ein,
du bist einsam, allein mit der Nacht und
du siehst noch kein Ende. Schritt um Schritt
gehst du, tastend und langsam. Nur Nacht
weht dir entgegen., Die alles umhüllende,
treibende Dunkelheit umfasst dich wie
eine Geliebte und schiebt dich weiter.
Es ist so dunkel, wie ein Blinder gehst du,
achtend nur auf das Gefühl, bis irgendwo
ein trübes Licht dir den Weg zeigt
Irgendwann*

Stadt im Nebel

*Der Nebel schwebt.
Die Stadt liegt stumm,
nur trübe Lichter
kreisen herum.
Der Nebel hat alles
so still gemacht.
Er fiel herab in
in dieser Nacht
und trieb durch
enge, winklige
Gassen
die dunkel waren
und verlassen.
Er strich um
schwarze
nasse Häuser
und alle
Stimmen
wurden
leiser.*

Warten

*Irgendwo
ist er noch,
an geheimen Orten,
wo es still ist
und niemand kommt,
der ihn stört
in seinen Gedanken,
wo er allein sein
kann.*

*Es sitzt dort
in der Kühle
und Stille
der Nacht
und wartet
auf ihn,
der ihn fortnimmt
von hier
in eine andere
Welt.*

Wie

Wie wird es sein,
wenn ich schwebe
im Schein,
wenn ich ohne Sinne
im Lichte zerrinne.
Wo werde ich sein
und bin ich allein,
wo werde ich
nach dem Tode
sein ?

Werd ich erwachen,
werd ich weinen,
oder lachen,
werde ich Paradiese
sehn
und den wahren
Sinn verstehn ?
oder schwebe ich
nur im himmlischen
Schein ?
Wo werde ich
nach dem Tode
sein ?

Fremde

Wir sind uns fremd,
wie fremde Wesen
Das Fremde trennt uns,
macht uns stumm.

Wir sind uns gleich,
sind gleiche Wesen,
doch bringen wir uns
trotzdem um.

Jeder ist anders
ist ein anderes Wesen.
Nur ähnliche Seelen finden
sich bald.

Die andern wandern
zum Einem, zum Andern
und werden darüber
alt.

MIX
Papier aus verantwortungsvollen Quellen
Paper from responsible sources
FSC® C105338